Impressum
Verlag: BABADADA GmbH, Nedderfeld 112 , 22529 Hamburg
Geschäftsführer / Verlagsleitung: Harald Hof
Druck: Books on Demand GmbH, In de Tarpen 42, 22848 Norderstedt

Imprint
Publisher: BABADADA GmbH, Nedderfeld 112 , 22529 Hamburg, Germany
Managing Director / Publishing direction: Harald Hof
Print: Books on Demand GmbH, In de Tarpen 42, 22848 Norderstedt, Germany

ysgol
مکتب

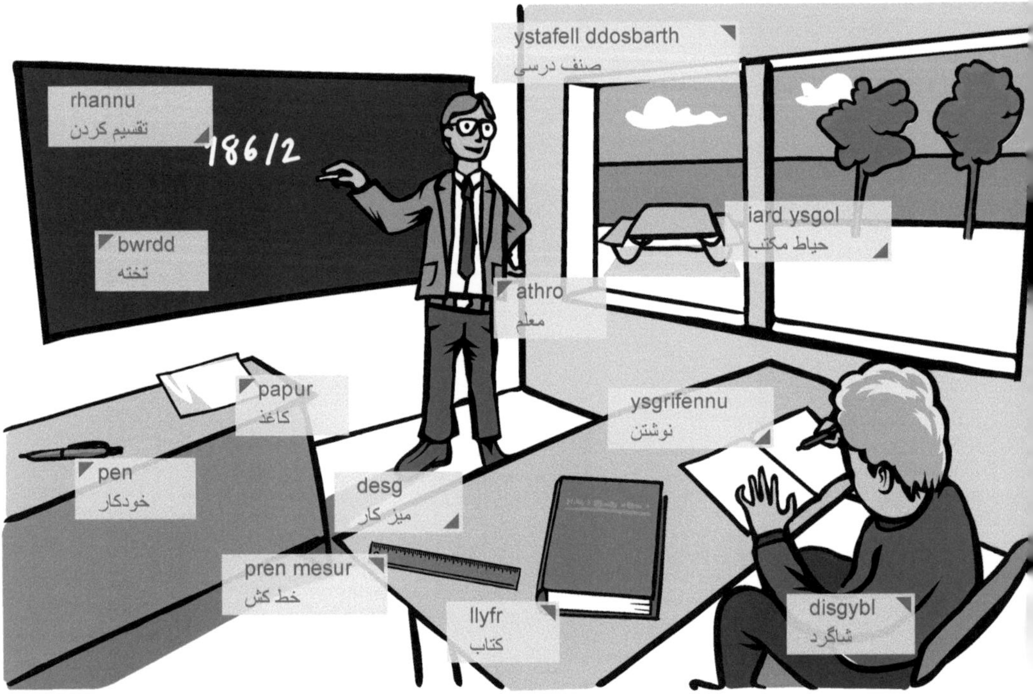

ystafell ddosbarth
صنف درسی
rhannu
تقسیم کردن
186/2
iard ysgol
حیاط مکتب
bwrdd
تخته
athro
معلم
papur
کاغذ
ysgrifennu
نوشتن
pen
خودکار
desg
میز کار
pren mesur
خط کش
llyfr
کتاب
disgybl
شاگرد

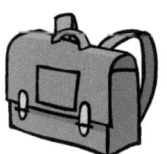

bag ysgol

بیگ مکتب

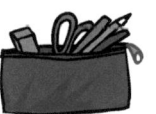

blwch penseli

قلم دانی

pensil

پنسل

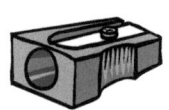

peth rhoi min ar bensil

پنسل تراش

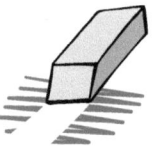

rwber

پنسل پاک

pad arlunio

کتابچه رسم

llun

نقاشی

brws paent

برس رنگ زنی

blwch paent

بکسک رنگه

siswrn

قیچی

glud

سریش

llyfr ysgrifennu

کتاب تمرین

gwaith cartref

کار خانگی

rhif

عدد

ychwanegu

جمع کردن

tynnu

تفریق کردن

lluosi

ضرب کردن

cyfrifo

حساب کردن

llythyren

حرف

gwyddor

الفبا

hello

gair

کلمه

testun

متن

darllen

خواندن

sialc

تباشیر

gwers

درس

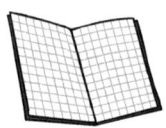

cofrestr

ثبت نام

arholiad

امتحان

tystysgrif

تصدیقنامه

gwisg ysgol

یونیفورم مکتب

addysg

تحصیل

gwyddoniadur

دانشنامه

prifysgol

پوهنتون

microsgop

مایکروسکوپ

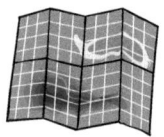

map

نقشه

basged papur gwastraff

سبد کاغذ باطله

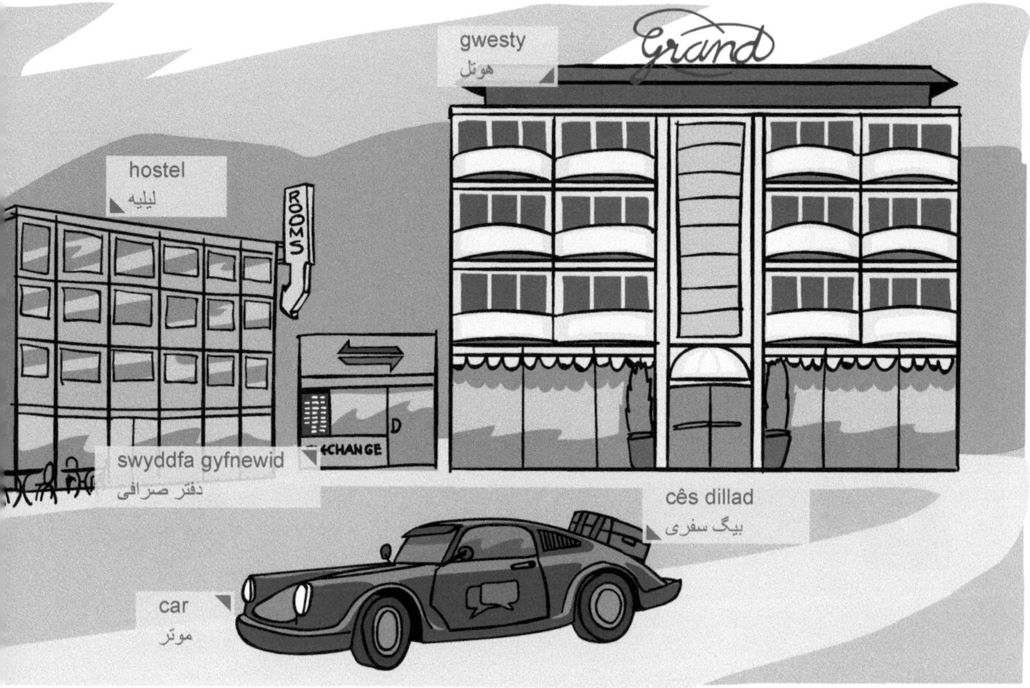
gwesty
هوتل
Grand
hostel
لیلیه
ROOMS
swyddfa gyfnewid
دفتر صرافی
cês dillad
بیگ سفری
car
موتر

iaith

زبان

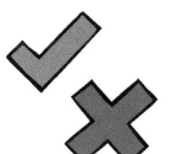

ie / na

بلی / نخیر

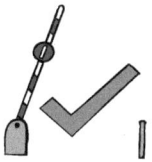

iawn

بسیار خوب

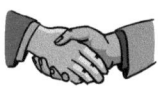

helo

سلام

cyfieithydd

مترجم

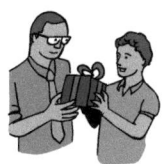

Diolch yn fawr

تشکر از شما

faint yw ...?

قیمتش چقدر است؟

Dw i ddim yn deall

نمی فهمم

problem

مشکل

Noswaith dda!

عصر بخیر! / شب بخیر!

Bore da!

صبح بخیر!

Nos da!

شب بخیر!

hwyl

خداحافظ

cyfarwyddyd

مسیر

bagiau

بار مسافر

bag

بیگ

gwarbac

بیگ پشتکی

gwestai

مهمان

ystafell

اطاق

sach gysgu

بستره خواب سیار

pabell

خیمه

gwybodaeth i ymwelwyr

معلومات توریستی

traeth

ساحل

cerdyn credyd

کریدیت کارت

brecwast

صبحانه

cinio

طعام چاشت

swper

غذای شام

tocyn

تکت

lifft

لفت

stamp

مهر

ffin

مرز

tollau

گمرک

llysgenhadaeth

سفارتخانه

fisa

ویزه

pasbort

پاسپورت

cludiant

حمل و نقل

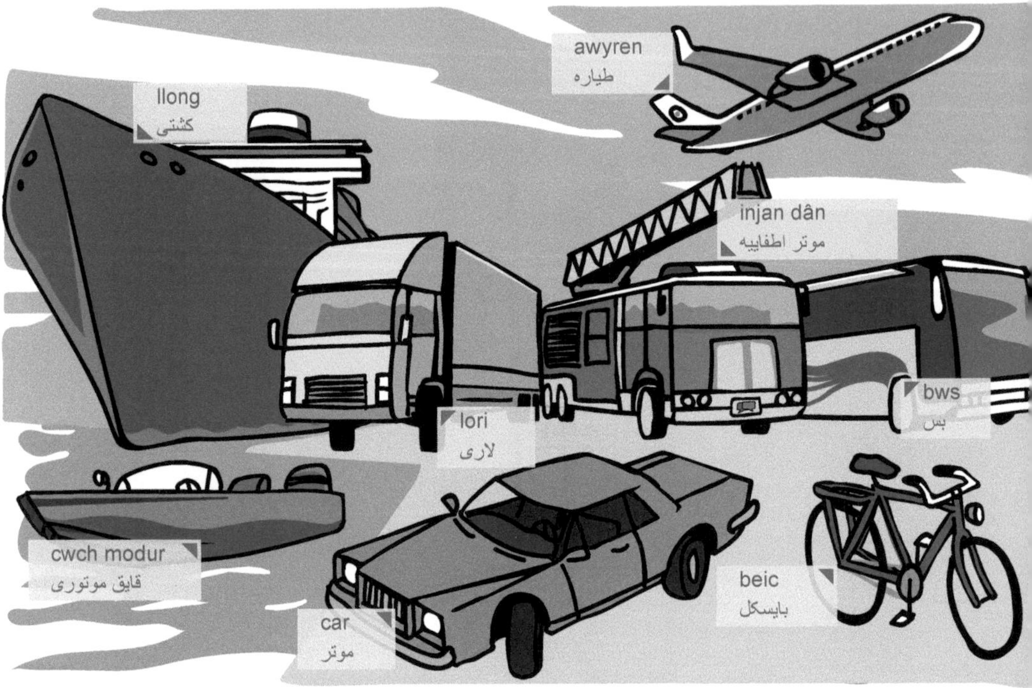
awyren
طیاره
llong
کشتی
injan dân
موتر اطفاییه
bws
بس
lori
لاری
cwch modur
قایق موتوری
beic
بایسکل
car
موتر

fferi

کشتی

cwch

قایق

beic modur

موترسایکل

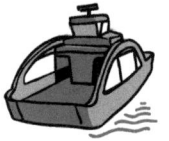

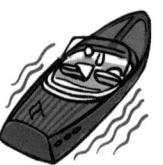

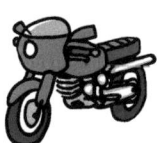

car yr heddlu

موتر پولیس

car rasio

موتر مسابقه

car wedi'i rentu

موتر کرایی

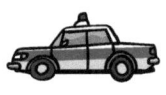

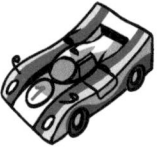

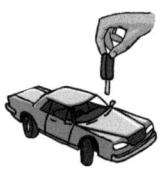

rhannu car

اشتراک وسایط

lori tynnu

جرثقیل

lori ysbwriel

موتر حمل زباله

modur

موتور

tanwydd

تیل

gorsaf betrol

تانک تیل

arwydd traffig

علامت ترافیکی

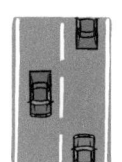

traffig

عبور و مرور

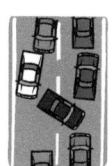

tagfa draffig

راهبندان

maes parcio

پارک وسایط

gorsaf drennau

ایستگاه ریل

traciau

خط ریل

trên

ریل

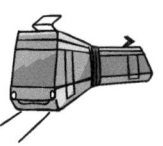

tram

ریل برقی

wagen

واگن

hofrennydd

هلیکوپتر

maes awyr

میدان هوایی

twr

برج

teithiwr

مسافر

cynhwysydd

کانتینر

paced

کارتن

cert

گادی

basged

سبد

esgyn / glanio

پرواز کردن / فرود آمدن

dinas

شهر

pentref

قریه

canol y ddinas

تیاتر شهر

tŷ

خانه

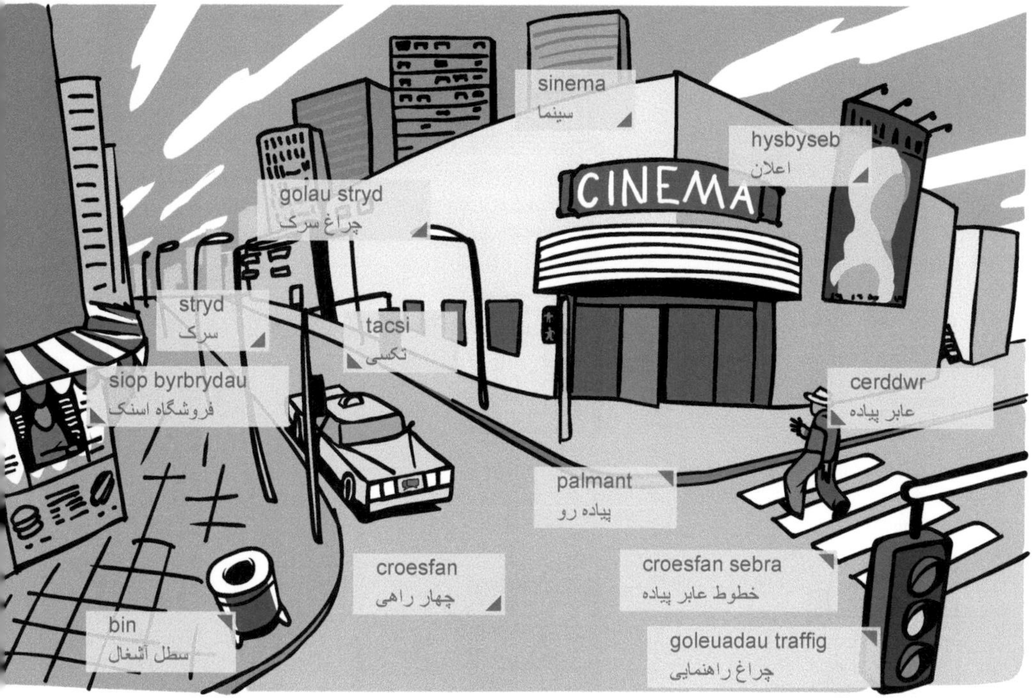
sinema
سینما
hysbyseb
اعلان
CINEMA
golau stryd
چراغ سرک
stryd
سرک
tacsi
تکسی
siop byrbrydau
فروشگاه اسنک
cerddwr
عابر پیاده
palmant
پیاده رو
croesfan
چهار راهی
croesfan sebra
خطوط عابر پیاده
bin
سطل آشغال
goleuadau traffig
چراغ راهنمایی

cwt

کلبه

fflat

آپارتمان

gorsaf drennau

ایستگاه ریل

neuadd y dref

تالار شهر

amgueddfa

موزیم

ysgol

مکتب

prifysgol

پوهنتون

banc

بانک

ysbyty

شفاخانه

gwesty

هوتل

fferyllfa

دواخانه

swyddfa

دفتر

siop lyfrau

کتابفروشی

siop

مغازه

siop flodau

گل فروشی

archfarchnad

سوپر مارکیت

farchnad

فروشگاه

siop adrannol

فروشگاه

siop bysgod

ماهی فروشی

canolfan siopa

مرکز خرید

harbwr

بندر

parc

پارک

banc

چوکی دراز

pont

پل

grisiau

زینه ها

rheilffordd danddaearol

مترو

twnnel

تونل

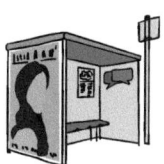

safle bws

ایستگاه بس

bar

میخانه

bwyty

رستورانت

blwch post

صندوق پست

arwydd stryd

علامت سرک

mesurydd parcio

ماشین پارکو متر

sŵ

باغ وحش

pwll nofio

حوض آببازی

mosg

مسجد

fferm

مزرعه

llygredd

آلوده گی

mynwent

قبرستان

eglwys

کلیسا

maes chwarae

میدان بازی

teml

معبد

tirwedd

چشم انداز

deilen
برگ

arwydd cyfeirio
لوحه

ffordd
راه

dôl
علفزار

carreg
سنگ

coeden
درخت

heiciwr
کوهنورد

afon
دریا

glaswellt
علف

blodyn
گل

cwm

دره

bryn

تپه

llyn

دریاچه

coedwig

جنگل

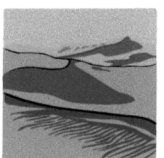

anialwch

صحرا

llosgfynydd

آتشفشان

castell

قلعه

enfys

رنگین کمان

madarchen

سمارق

palmwydden

درخت آلو

mosgito

پشه

pryf

مگس

morgrugyn

مورچه

gwenyn

زنبور

pryf copyn

عنکبوت

chwilen

قانغوزک

llyffant

بقه

gwiwer

موش خرما

draenog

خارپشت

ysgyfarnog

خرگوش صحرایی

tylluan

بوم

aderyn

پرنده

alarch

مرغابی

baedd

خوک وحشی

carw

گوزن

elc

گوزن شمالی

argae

بند آب

tyrbin gwynt

توربین بادی

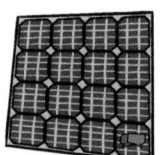

panel haul

صفحه خورشیدی

hinsawdd

آب و هوا

bwyty
رستورانت

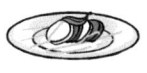

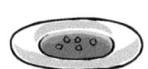

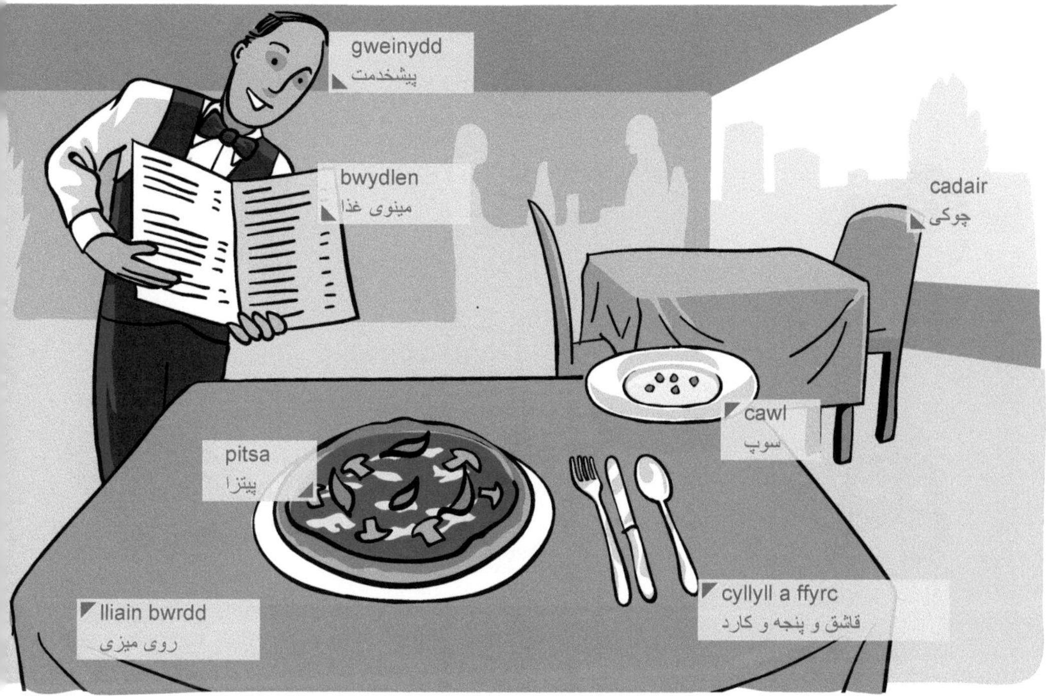
gweinydd
پیشخدمت
bwydlen
مینوی غذا
cadair
چوکی
cawl
سوپ
pitsa
پیتزا
cyllyll a ffyrc
قاشق و پنجه و کارد
lliain bwrdd
روی میزی

cwrs cyntaf

پیش غذا

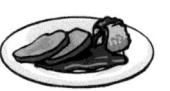

prif gwrs

غذای اصلی

pwdin

شرینی

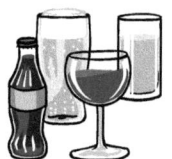

diodydd

نوشیدنی ها

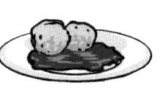

bwyd

غذا

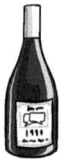

potel

بوتل

bwyd cyflym

فاست فود

bwyd y stryd

غذای کنار سرک

tebot

چاینک/ترموز

powlen siwgr

قندانی

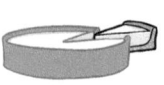

dogn

بخش غذا

peiriant espresso

دستگاه اسپرسو

cadair plentyn

چوکی بلند

bil

بل

hambwrdd

پطنوس

cyllell

چاقو

fforc

پنجه

llwy

قاشق

llwy de

قاشق چای خوری

napcyn

دستپاک دسترخوان یا میز

gwydr

گیلاس

plât

بشقاب

plât cawl

بشقاب سوپ

soser

نعلبکی

saws

چتنی

pot halen

نمکدان

melin bupur

آسیاب مرچ

finegr

سرکه

olew

روغن خوراکی

sbeisys

ادویه

saws coch

کچاپ

mwstard

ساس خردل

mayonnaise

مایونز

archfarchnad

سوپر مارکیت

cynnig arbennig
پیشنهاد خاص
FOR
cwsmer
مشتری
cynnyrch llaeth
لبنیات
ffrwythau
میوه
troli
چرخ دستی

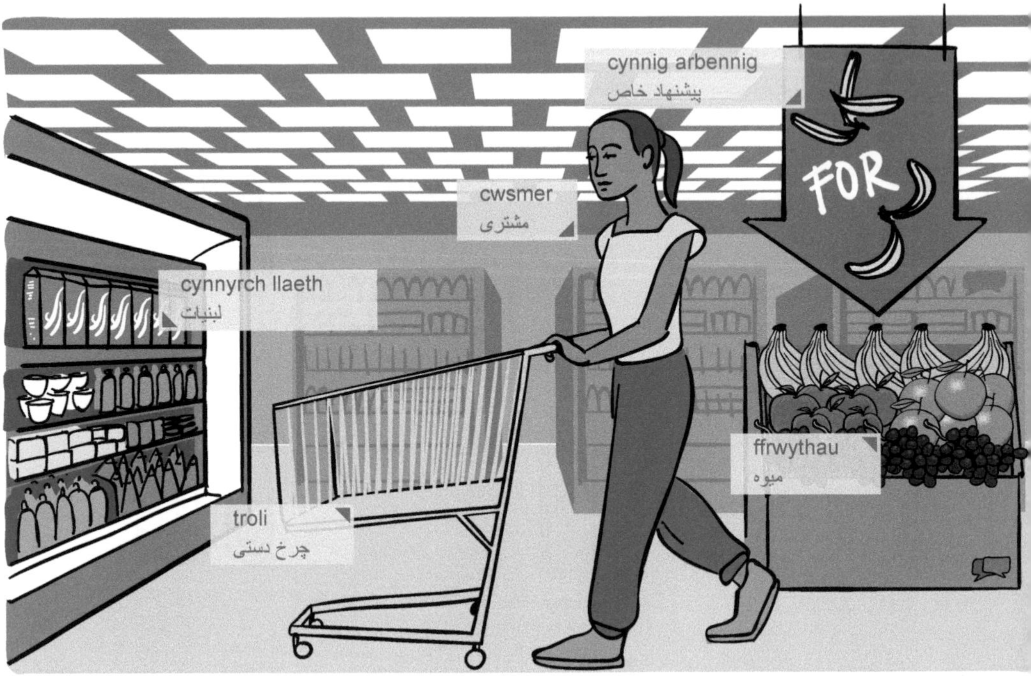

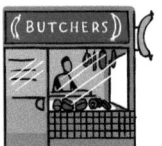

BUTCHERS

siop gig

قصابی

BAKERY

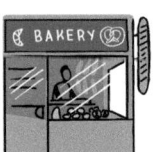

siop fara

نانوایی

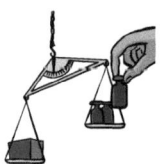

pwyso

وزن کردن

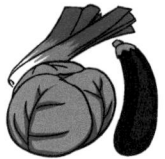

llysiau

سبزیجات

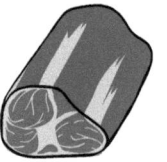

cig

گوشت

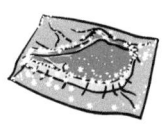

Bwyd wedi'i rewi

غذای منجمد

cig oer

غذای سرد

bwyd tun

غذای کنسر شده

powdr golchi

پودر رختشویی

da-da

شیرینی

cynnyrch cartref

لوازم خانگی

cynhyrchion glanhau

محصولات پاک کننده

gwerthwraig

فروشنده

til

دخل پیسه

ariannwr

صندوقدار

rhestr siopa

لست خرید

oriau agor

ساعات کاری

waled

بکسک جیبی

cerdyn credyd

کریدیت کارت

bag

بیگ

bag plastig

بیگ پلاستیکی

dwr

آب

sudd

جوس

llefrith

شیر

côc

نوشابه

gwin

شراب

cwrw

بیر

alcohol

الکل

coco

ککو

te

چای

coffi

قهوه

espresso

اسپرسو

cappuccino

کاپوچینو

ffrwchledd

كيله

afal

سيب

oren

مالته

melon

تربوز

lemwn

ليمو

moronen

زردگ

garlleg

سير

bambŵ

چوب خيزران

nionyn

پياز

madarchen

سمارق

cnau

مغزيات

nwdls

آش

sbageti

مكرونى

reis

برنج

salad

سلاد

sglodion

چيپس

tatws wedi'u ffrïo

كچالو سرخ كرده

pitsa

پيتزا

hambyrger

همبرگر

brechdan

ساندويچ

cytled

كتلت

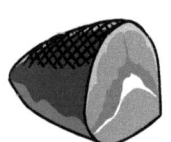

ham

همبرگر

salami

سالامى

selsig

ساسيچ

cyw iâr

مرغ

rhost

كباب

pysgodyn

ماهى

ceirch uwd

فرنی جو

miwsli

صبحانه رژیمی

creision ŷd

کورن فلکس

blawd

آرد

croissant

کروسانت

bynsen

قرص نان

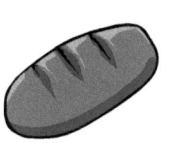

bara

نان خشک

tost

توست / نان بریان

bisgedi

بیسکیت

menyn

مسکه

ceuled

چکه

teisen

کیک

wy

تخم مرغ

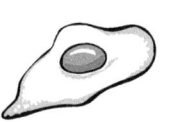

wy wedi'i ffrïo

تخم مرغ سرخ شده

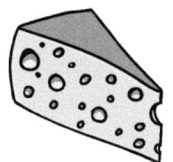

caws

پنیر

hufen iâ

آیسکریم

siwgr

شکر

mêl

عسل

jam

مربا

siocled taenu

مسکه چاکلیت

cyri

زردچوبه هندی

ffermdy
خانه مزرعه

bwrn gwellt
خرمن گاه

ysgubor
گودام غله

maes
زمین زراعتی

ceffyl
اسب

ôl-gerbyd
تریلر

tractor
تراکتور

ebol
کره اسب

asyn
خر

oen
بره

dafad
گوسفند

gafr
بز

buwch
گاو

llo
گوساله

mochyn
خوک

porchell
خوکچه

tarw
گاو نر

gwydd

قاز

hwyaden

مرغابی

cyw

جوجه مرغ

iâr

مرغ

ceiliog

خروس

llygoden fawr

موش صحرایی

cath

پیشک

llygoden

موش

ych

گاومیش

ci

سگ

cwt ci

خانه سگ

pibell ddŵr

خانه باغ

can dŵr

آبپاش

pladur

داس

aradr

قولبه کردن

cryman

داس

fforch chwynu

کج بیل

picwarch

چنگال باغبانی

bwyell

تبر

berfa

کراچی

cafn

تغار

tun llefrith

قوطی شیر

sach

بوجی

ffens

دیوار مرزی از چوب یا سیم خار دار

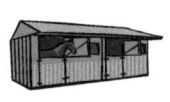

stabl

پایدار

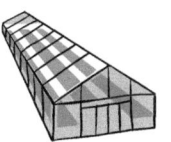

tŷ gwydr

گلخانه

pridd

خاک

hedyn

تخم

gwrtaith

کود

dyrnwr medi

ماشین درو وخرمنکوبی

cynaeafu

درو کردن

cynhaeaf

درو

iamau

کچالو شرین

gwenith

گندم

soi

سویا

tysen

کچالو

grawn

جواری

had rêp

کلزا

coeden ffrwythau

درخت میوه

manioc

مانیوک

grawnfwydydd

غلات و حبوبات

simnai
دودکش

to
پشت بام

peipen law
آب رو

ffenestr
کلکین

garej
گراج

cloch y drws
زنگ دروازه

drws
دروازه

bin sbwriel
سطل زباله

blwch post
صندوق نامه

gardd
باغچه

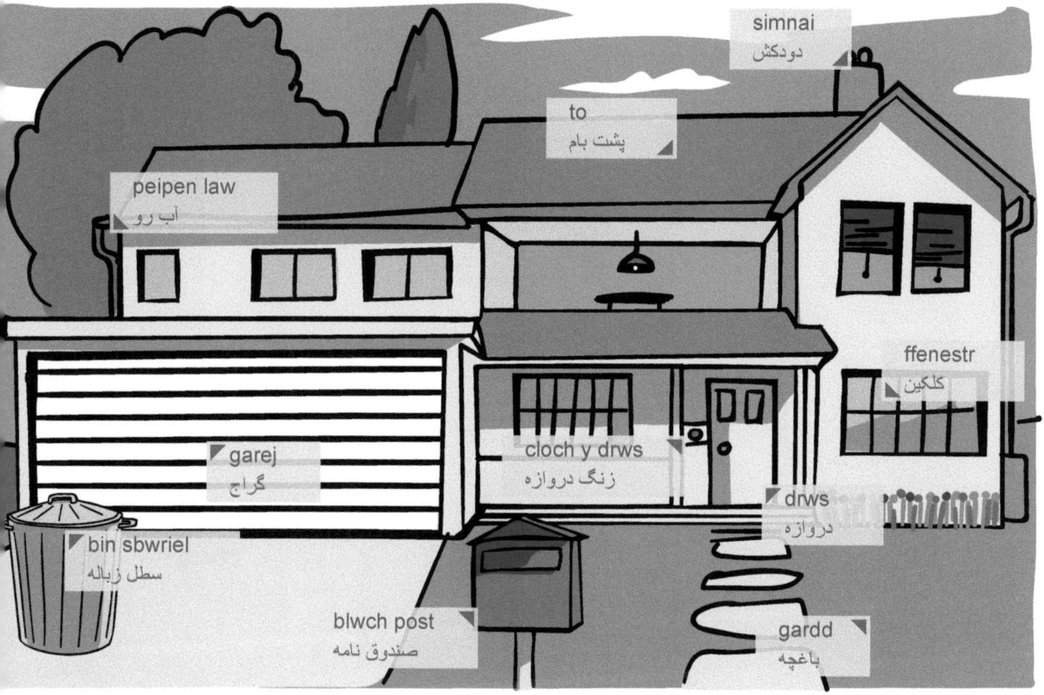

lolfa

اطاق نشیمن

ystafell ymolchi

حمام / دستشویی

cegin

آشپزخانه

ystafell wely

اطاق خواب

ystafell plentyn

اطاق اطفال

ystafell fwyta

اطاق پذیرایی

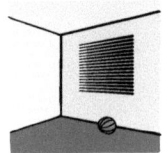

llawr

کف زمین

wal

دیوار

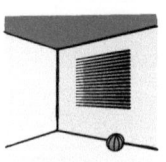

nenfwd

سقف

seler

گودام زیر زمینی

sawna

سونا

balconi

بالکن

teras

برنده / بالکن

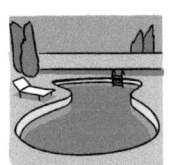

pwll

حوض

peiriant torri gwair

ماشین درو کردن چمن

taflen

ورق کاغذ

gorchudd gwely

روجایی

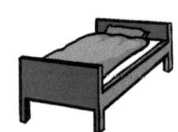

gwely

تختخواب

ysgub

جارو

bwced

سطل

swits

سویچ

lolfa
اطاق نشیمن

papur wal
کاغذ دیواری
llun
تصویر
lamp
چراغ
silff
قفسه
cwpwrdd
کابینت
teledu
تلویزیون
lle tân
بخاری دیواری
blodyn
گل
clustog
بالشت
soffa
کوچ
fâs
گلدان
rheolydd o bell
ریموت کنترول

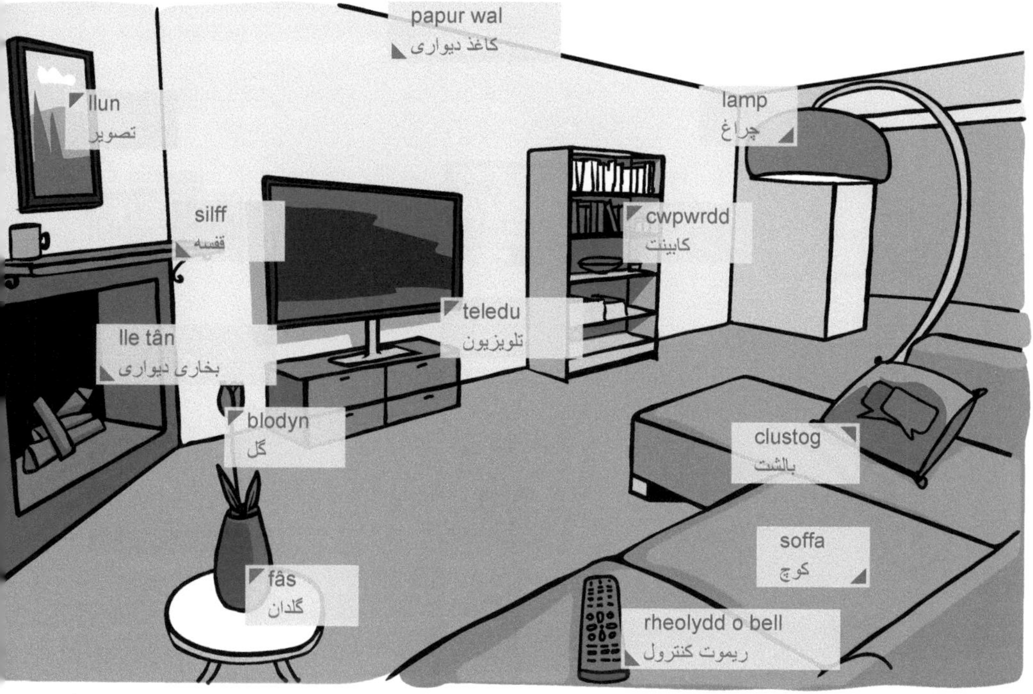

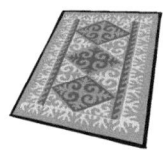

carped

فرش

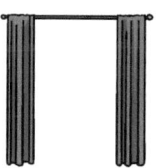

llen

پرده

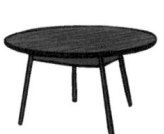

bwrdd

میز

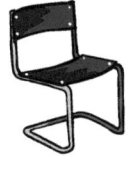

cadair

چوکی

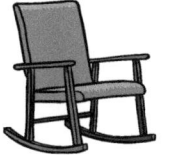

cadair siglo

چوکی گهواره یی

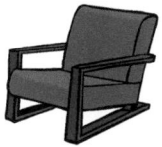

cadair freichiau

چوکی دسته دار

llyfr

كتاب

blanced

كمپل

addurn

دكوراسيون

coed tân

هيزم

ffilm

فلم

hi-fi

سيستم های فای

agoriad

كليد

papur newydd

روزنامه

darlun

تابلوی نقاشی

poster

پوستر

radio

راديو

llyfr nodiadau

دفتر

hwfer

جاروبرقی

cactws

كاكتوس

cannwyll

شمع

cegin
آشپزخانه

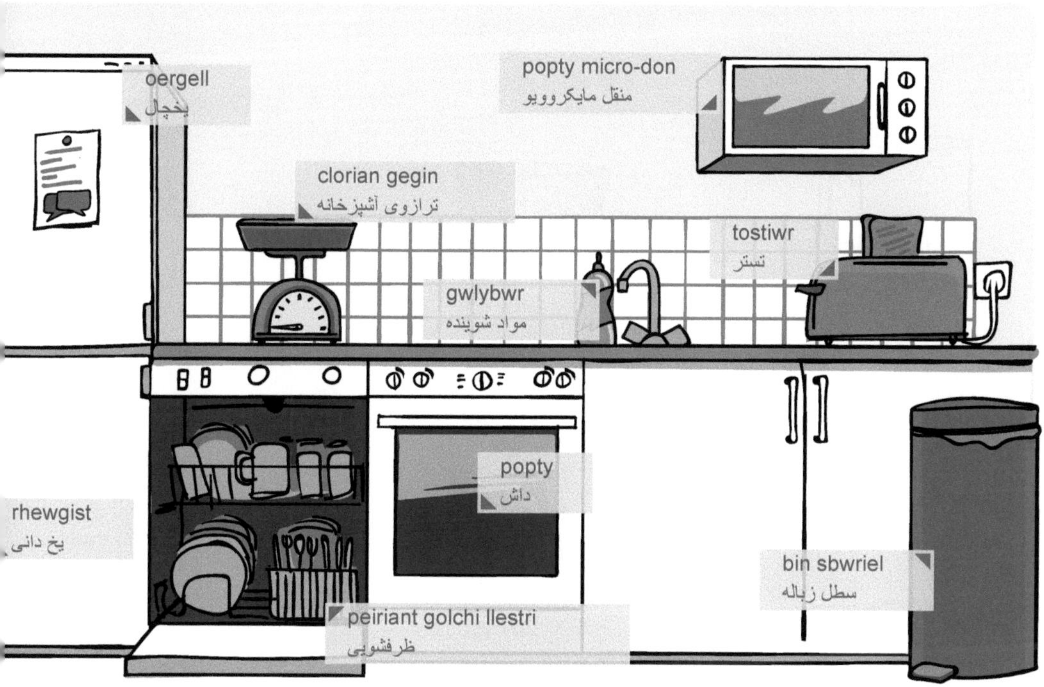
oergell
یخچال
popty micro-don
منقل مایکروویو
clorian gegin
ترازوی آشپزخانه
tostiwr
تستر
gwlybwr
مواد شوینده
popty
داش
rhewgist
یخ دانی
bin sbwriel
سطل زباله
peiriant golchi llestri
ظرفشویی

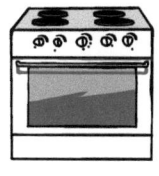

popty
منقل

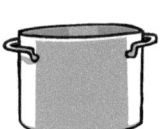

pot
دیگ

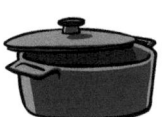

pot haearn bwrw
دیگ چدنی

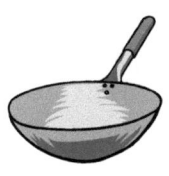

wok / kadai
کراهی

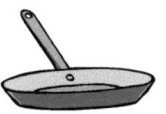

padell
تابه

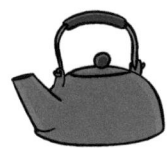

tegell
چای جوش

sosban stemio

بخارپز

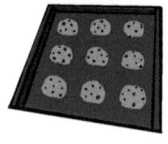

hambwrdd pobi

پطنوس طباخی

llestri

ظروف

mwg

پیاله کلان

powlen

کاسه

gweill bwyta

چاپستیک ها

lletwad

ملاقه

ysbodol

کفگیر

chwisg

مخلوط کننده

hidlydd

چلو صاف

gogr

غلبیل

gratiwr

رنده

morter

هاونگ

barbeciw

بار بیکیو

tân agored

آتش باز

bwrdd torri cig

تخته برش

rholbren

آشگز

tynnwr corcyn

سر بازکن

tun

قوطی

peth agor tuniau

سر باز کن

clwt pot

دستگیره تکه ای

sinc

ظرف شویی

brws

برس ظرف شویی

sbwng

اسفنج

peiriant cymysgu

مخلوط کن

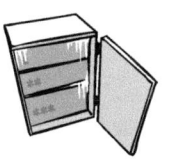

rhewgell

فریزر

potel babi

شیر چوشک اطفال

tap

نل آب

ystafell ymolchi

حمام / دستشویی

gwres
گرم کننده
tywel
جان پاک
cawod
شاور
llen gawod
پرده حمام
baddon ewyn
حمام کف
baddon
تب حمام
gwydr
گیلاس
peiriant golchi
ماشین لباسشویی
tap
نل آب
teils
کاشی
potyn
پات اطفال
sinc
ظرف شویی

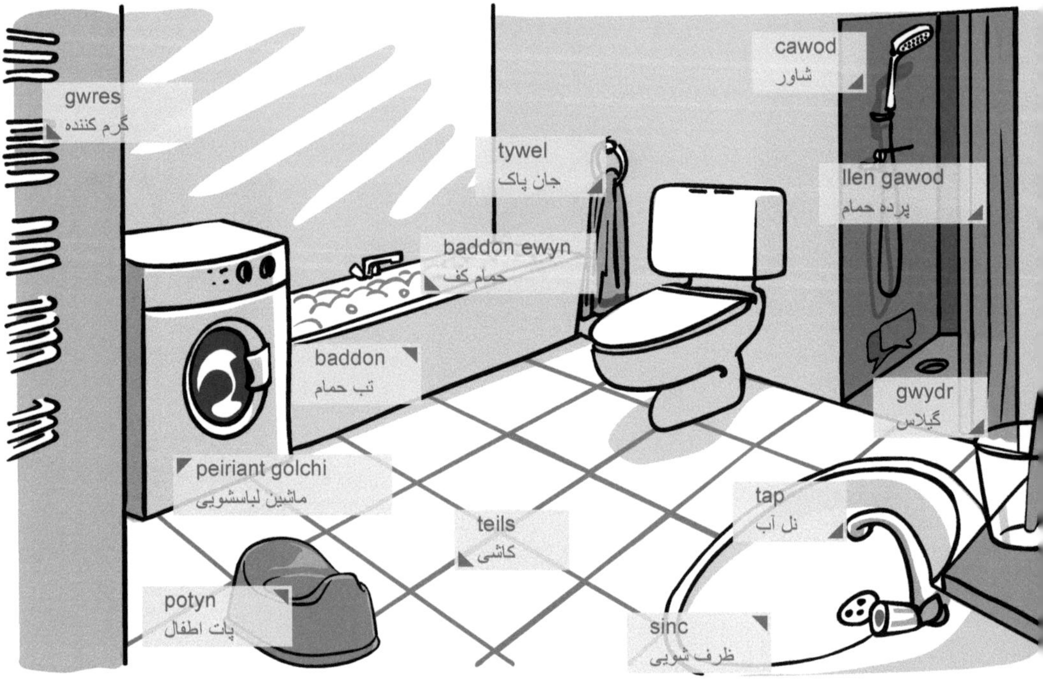

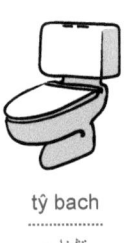

tŷ bach

تشناب

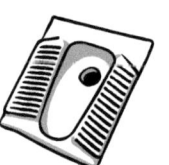

toiled cyrcydu

کمود فرشی

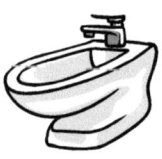

bidet

کمود

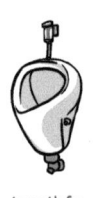

troethfa

تشناب مرد ها

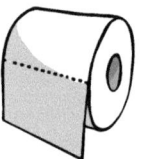

papur tŷ bach

کاغذ تشناب

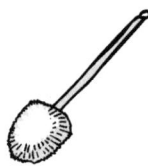

brws tŷ bach

برس کمود

brws dannedd

برس دندان

past dannedd

کریم دندان

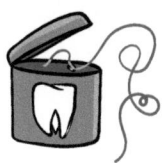

edau ddannedd

نخ دندان

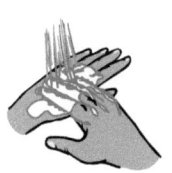

golchi

شستن

cawod llaw

شاور دستی

golchfa

شاور کمود

basn

دستشویی

brws-ôl

برس پشت

sebon

صابون

gel cawod

جل حمام

siampŵ

شامپو

gwlanen

لیف

ffos

آب رو

hufen

کریم

diaroglydd

بوزدا

drych

آینه

drych llaw

آینه دستی

rasel

ریش تراش

ewyn eillio

کف ریش تراشی

sent eillio

کلونیا

crib

شانه موی

brws

برس

sychwr gwallt

سشوار

chwistrell gwallt

اسپری مو

colur

آرایش

minlliw

لب سرین

farnais ewinedd

رنگ ناخن

gwlân cotwm

پشم پنبه

siswrn ewinedd

ناخن گیر

persawr

عطر

bag ymolchi

کیسه شستشو

stôl

چوکی چار پایه

clorian

ترازوی وزن

gŵn baddon

جان پاک

menig rwber

دستکش پلاستیکی

tampon

تامپون

tywel misglwyf

کوتکس

toiled cemegol

تشناب سیار

ystafell plentyn
اطاق اطفال

cloc larwm
ساعت زنگ دار
tegan anwes
گدی های نرم
car tegan
موتر سامان بازی
cleciwr
جرنگانه
tŷ dol
خانه گدی
anrheg
هدیه

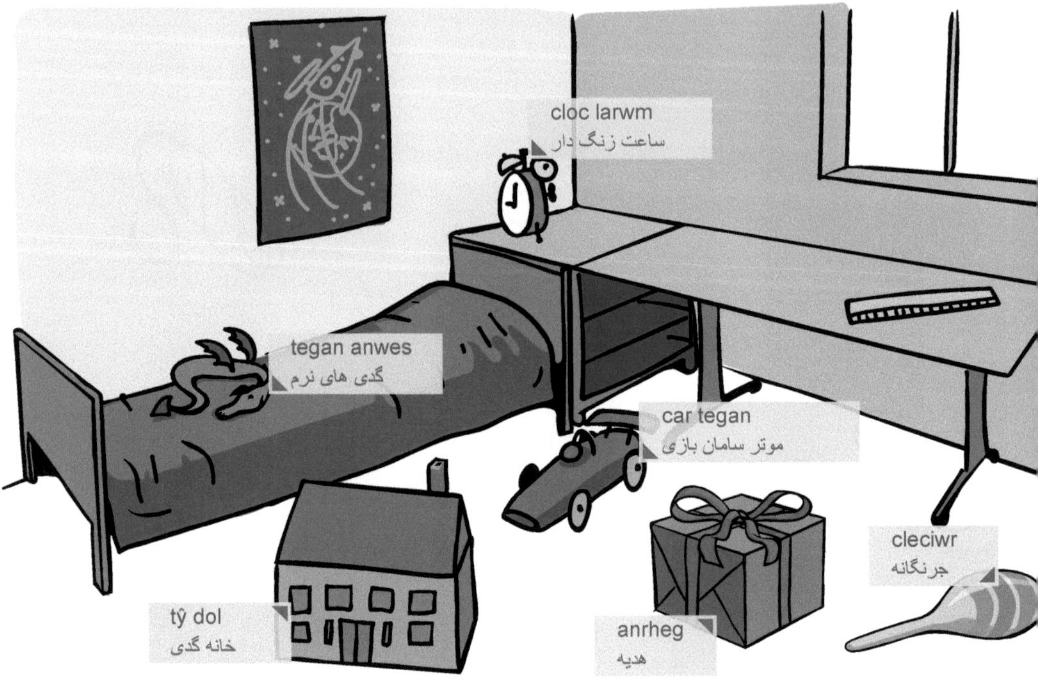

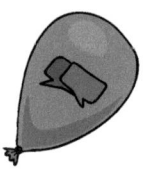

balŵn

پوقانه

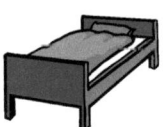

gwely

تختخواب

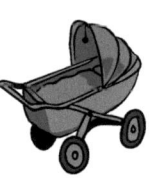

pram

ریکشه اطفال

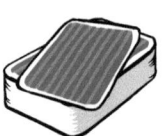

pecyn o gardiau

قطعه بازی

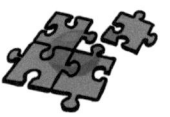

jig-so

پازل

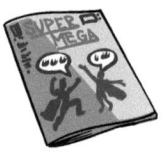

comic

خنده آور

brics Lego

خشت های لگو

blociau adeiladu

بلوک های سامان بازی

ffigur gweithredu

پچه فلم

babygro

لباس طفل

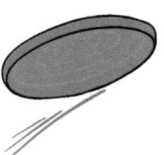

ffrisbi

فریزبی

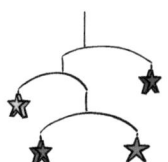

ffôn symudol

سامان بازی که روی تخت خواب اطفال
اویزان می شود

gêm fwrdd

بازی تخته یی

deis

تاس

set model trên

ریل اسباب بازی

teth lwgu

چوشک

parti

مهمانی

llyfr lluniau

کتاب تصویری

pêl

توپ

dol

گدیگک

chwarae

بازی کردن

pwll tywod

جعبه ریگ

swing

گاز

teganau

اسباب بازی

consol gemau fideo

کنسول بازی کمپیوتری

beic tair olwyn

سه چرخه

tedi

خرس سامان بازی

cwpwrdd dillad

الماری لباس

dillad

لباس

hosanau

جوراب

hosanau

جوراب دراز

teits

برجس

sgarff
چادر سر

gwregys
کمربند

ymbarél
چتری

crys-t
بلوز

esidiau ymarfer
کرمچ

esgidiau
بوت

sliperi
چپلک

sandalau
چپلی

esgidiau
بوت

esgidiau rwber
موزه پلاستیکی

trôns
نیکر

bra
واسکت زنانه

fest
واسکت

corff

بدن

trowsus

برزو

jîns

پتلون کاوبای

sgert

دامن

blows

بلوز

crys

پیراهن

pwlofer

یالان

hwdi

جاکت کلاه دار

blaser

جاکت

siaced

چمپر

côt

کورتی

côt law

کوت بارانی

gwisg

لباس مخصوص مراسم

gŵn

پیراهن

gwisg briodas

لباس عروسی

siwt

دریشی

gŵn nos

لباس خواب

pyjamas

پاجامه

sari

ساری

sgarff pen

چادر سر

tyrban

لنگی

bwrca

چادری

cafftan

کفتان

abaya

چادر

gwisg nofio

لباس آببازی

trowsus nofio

نیکر پاچه دار

siorts

پتلون نصفه

tracwisg

لباس ورزشی

ffedog

پیش بند

menig

دستکش

botwm

دکمه

sbectol

عینک

breichled

دستبند

cadwyn

گردن بند

modrwy

انگشتر

clustdlws

گوشواره

cap

کلاه پیک دار

cambren

کوت بند

het

کلاه

tei

نیکتایی

sip

زیپ

helmed

کلاه مصون

fframiau danedd

بند تنبان

gwisg ysgol

یونیفورم مکتب

gwisg

یونیفورم

bib

پیش بند

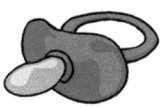

teth lwgu

چوشک

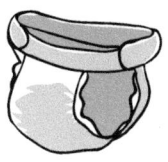

cewyn

پمپر

swyddfa

دفتر

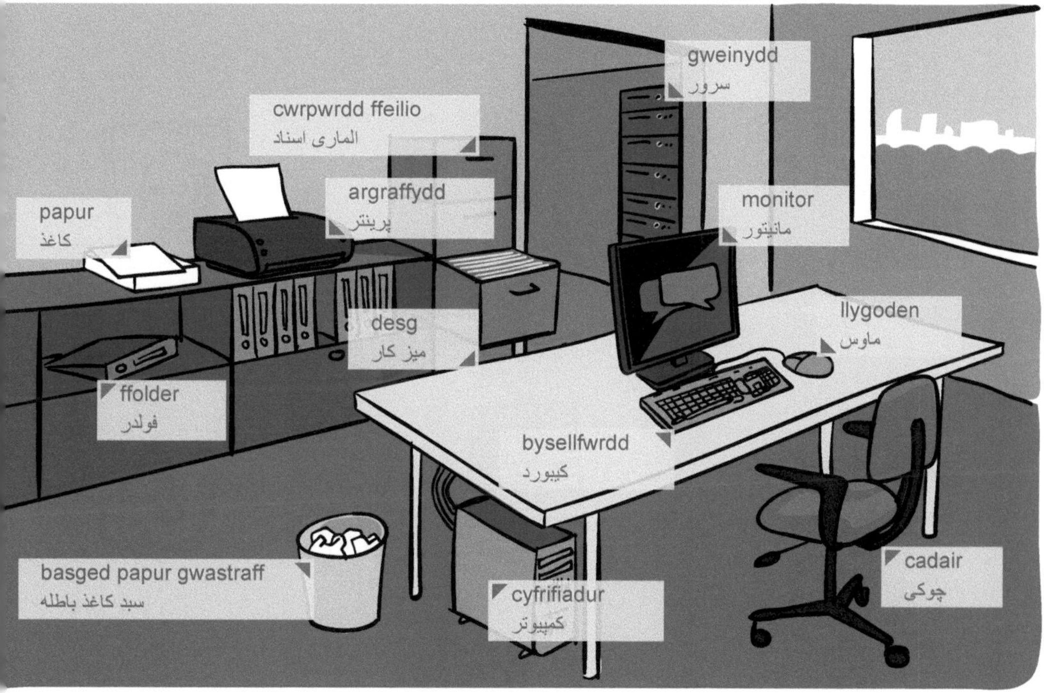

gweinydd
سرور

cwrpwrdd ffeilio
الماری اسناد

argraffydd
پرینتر

monitor
مانیتور

papur
کاغذ

desg
میز کار

llygoden
ماوس

ffolder
فولدر

bysellfwrdd
کیبورد

basged papur gwastraff
سبد کاغذ باطله

cyfrifiadur
کمپیوتر

cadair
چوکی

mwg coffi

گیلاس قهوه

cyfrifiannell

ماشین حساب

rhyngrwyd

اینترنت

gliniadur

لپ تاپ

llythyr

نامه

neges

پیام

ffôn symudol

موبایل

rhwydwaith

شبکه

llungopïwr

ماشین فتوکپی

meddalwedd

نرم افزار

teleffon

تلیفون

soced plwg

پلک

peiriant ffacs

دستگاه فکس

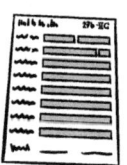

ffurflen

فورمه

dogfen

سند

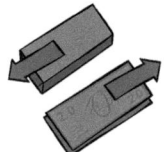

prynu

خرید کردن

talu

پرداختن

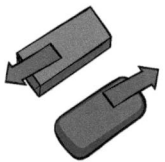

masnachu

تجارت کردن

arian

پول

doler

دالر

ewro

يورو

yen

ین

rwbl

روبل

ffranc y Swistir

فرانک سوئیس

yuan renminbi

یوان رنمینبی

rwpi

روپیه

peiriant arian

خودپرداز

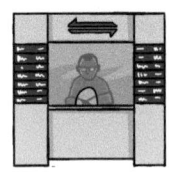

swyddfa gyfnewid

دفتر صرافی

aur

طلا

arian

نقره

olew

نفت

ynni

انرژی

pris

قیمت

contract

قرارداد

treth

مالیات

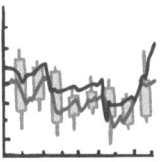

stoc

سهام

gweithio

کار کردن

cyflogai

کارمند

cyflogwr

استخدام کننده

ffatri

فابریکه

siop

مغازه

swyddi
شغل ها

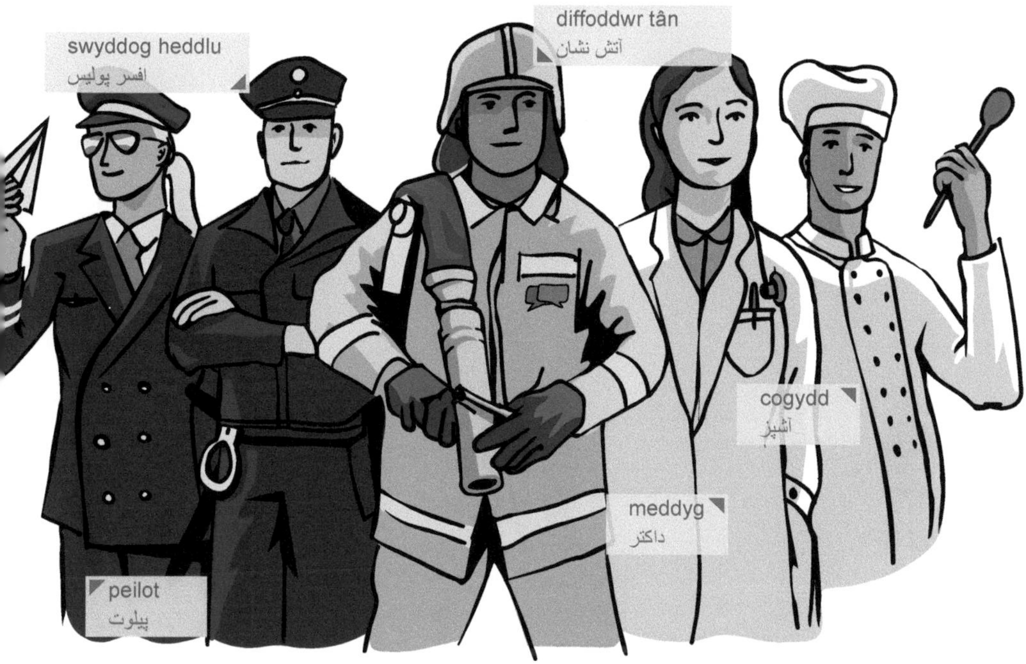
swyddog heddlu
افسر پولیس
diffoddwr tân
آتش نشان
cogydd
آشپز
meddyg
داکتر
peilot
پیلوت

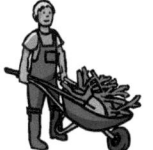

garddwr

باغبان

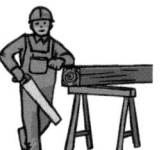

saer

نجار

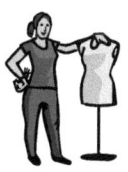

gwniadwraig

خیاط

barnwr

قاضی

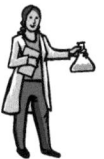

fferyllydd

کیمیا دان

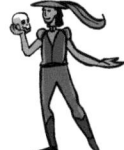

actor

بازیگر

gyrrwr bws

راننده بس

gyrrwr tacsi

راننده تکسی

pysgotwr

ماهیگیر

glanhawraig

خدمه

töwr

سقف ساز

gweinydd

پیشخدمت

heliwr

شکارچی

paentiwr

نقاش

pobydd

نانوا

trydanwr

برقی

adeiladwr

بنا

peiriannydd

انجنیر

cigydd

قصاب

plymiwr

نلدوان

dyn y post

پستچی

milwr

سرباز

pensaer

معمار

ariannwr

صندوقدار

gwerthwr blodau

گل فروش

triniwr gwallt

آرایشگر

archwiliwr tocynnau
rheilffordd

مامور تکت ریل

mecanydd

میخانیک

capten

کاپیتان

deintydd

داکتر دندان

gwyddonydd

دانشمند

rabi

خاخام/ عالم یهودی

imam

امام

mynach

راهب

clerigwr

ملا

offer

ابزار

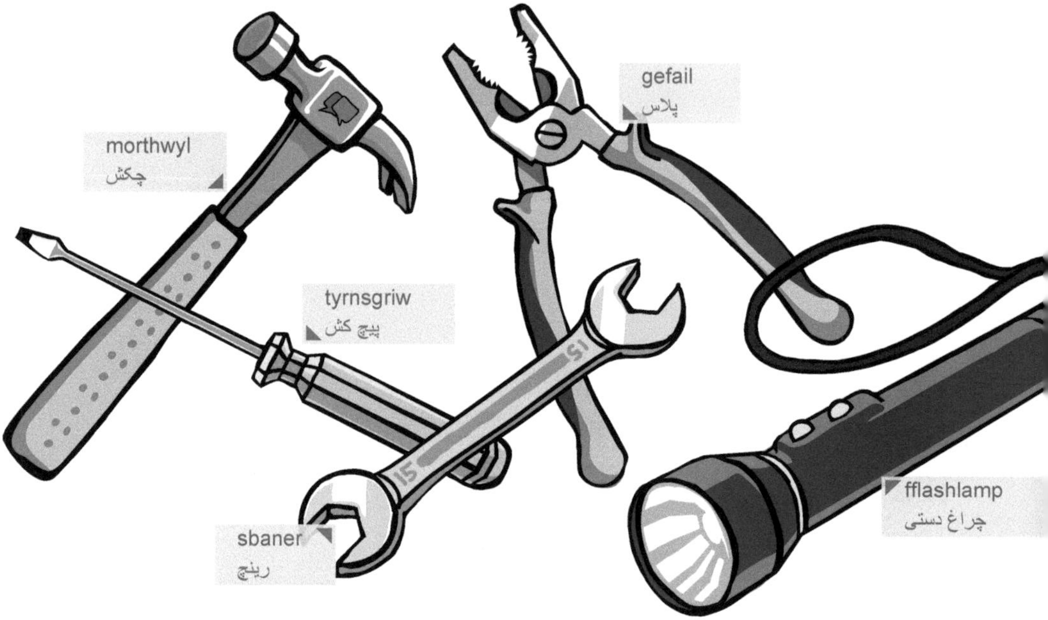

morthwyl
چکش
gefail
پلاس
tyrnsgriw
پیچ کش
sbaner
رینچ
fflashlamp
چراغ دستی

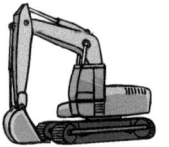

turiwr

ماشین حفاری

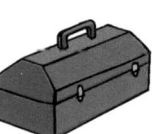

blwch offer

جعبه ابزار

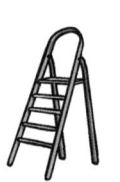

ysgol

زینه

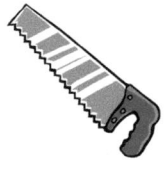

llif

اره

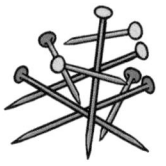

hoelion

میخ

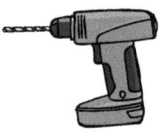

dril

برمه

trwsio

ترمیم کردن

rhaw

بیل

Daria!

لعنتی!

rhaw lwch

خاکروبه

pot paent

سطل رنگ

sgriwiau

پیچ

offerynnau cerdd

آلات موسیقی

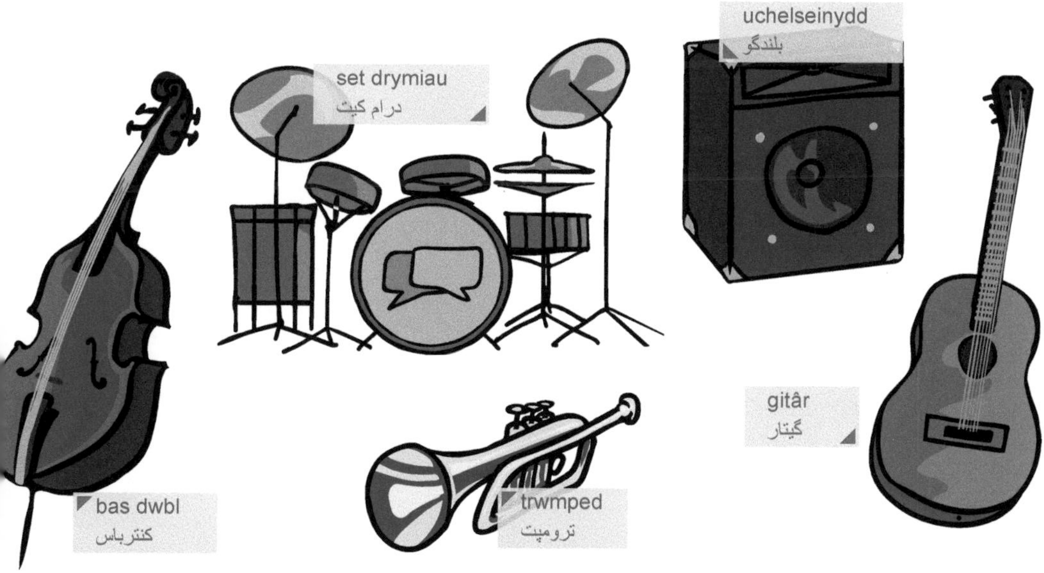

set drymiau
درام کیت

uchelseinydd
بلندگو

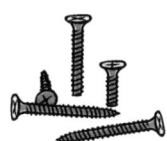

gitâr
گیتار

bas dwbl
کنترباس

trwmped
ترومپت

piano

پیانو

ffidil

وایلن

bas

گیتار بیس

timpani

دهل

drymiau

دول

cyweirfwrdd

پیانوی برقی

sacsoffon

ساکسوفون

ffliwt

توله

meicroffon

میکروفون

sŵ
باغ وحش

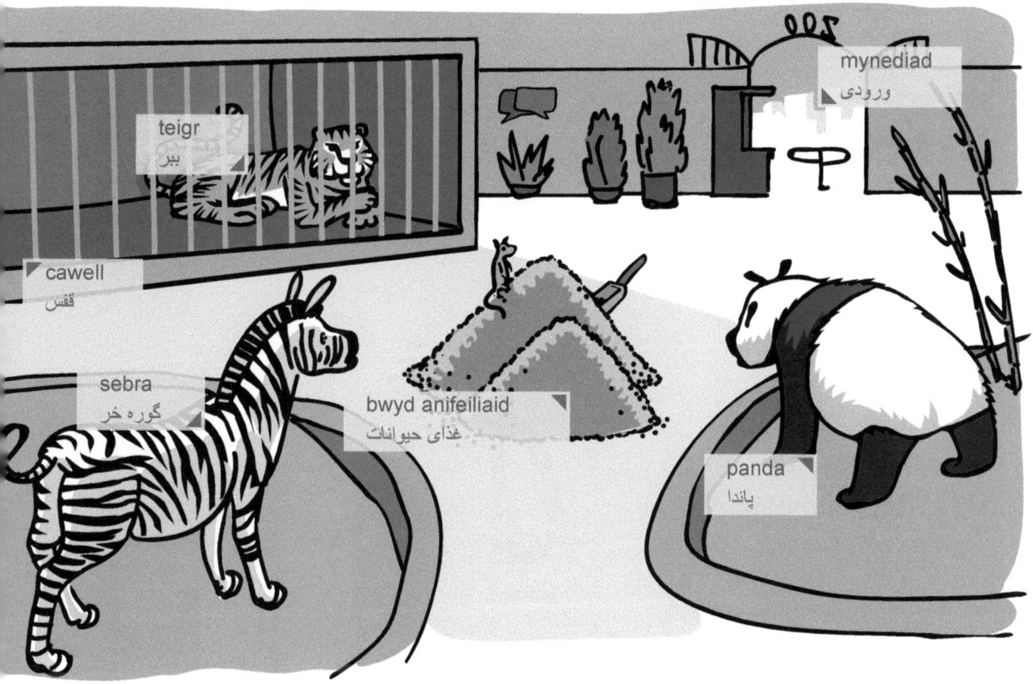

mynediad
ورودی
teigr
ببر
cawell
قفس
sebra
گوره خر
bwyd anifeiliaid
غذای حیوانات
panda
پاندا

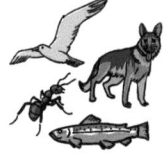

anifeiliaid
حیوانات

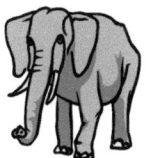

eliffant
فیل

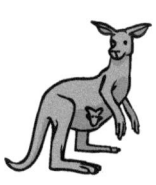

cangarŵ
کانگورو

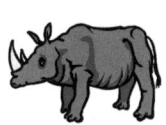

rhinoseros
غژ گاو

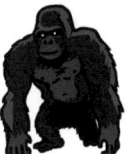

gorila
گوریلا

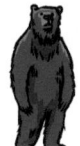

arth
خرس

camel

شتر

estrys

شترمرغ

llew

شیر

mwnci

میمون

fflamingo

فلامینگو

parot

طوطی

arth wen

خرس قطبی

pengwin

پنگوئن

siarc

کوسه

paun

طاووس

neidr

مار

crocodeil

تمساح

gofalwr sŵ

نگهبان باغ وحش

morlo

سگ آبی

jagwar

پلنگ خالدار امریکایی

merlyn

اسب کوچک

llewpard

پلنگ

hipo

اسب آبی

jiráff

زرافه

eryr

عقاب

baedd

خوک وحشی

pysgodyn

ماهی

crwban

سنگ پشت

walrws

شیر دریایی

llwynog

روباه

gafrewig

غزال

pêl-droed America
فوتبال امریکایی

beicio
بایسکل سواری

tennis
تنیس

pêl-fasged
باسکتبال

nofio
آب بازی

bocsio
بوکس

hoci iâ
هاکی روی یخ

pêl-droed

فوتبال

badminton

بدمینتون

athletau

ورزشکاری

pêl-law

هندبال

sgïo

اسکی

polo

پولو

gweithgareddau
فعالیت ها

chwerthin
خندیدن
neidio
خیز زدن
cofleidio
بغل کردن
cerdded
راه رفتن
canu
خواندن
breuddwydio
خواب دیدن
gweddïo
دعا کردن
cusanu
بوسیدن

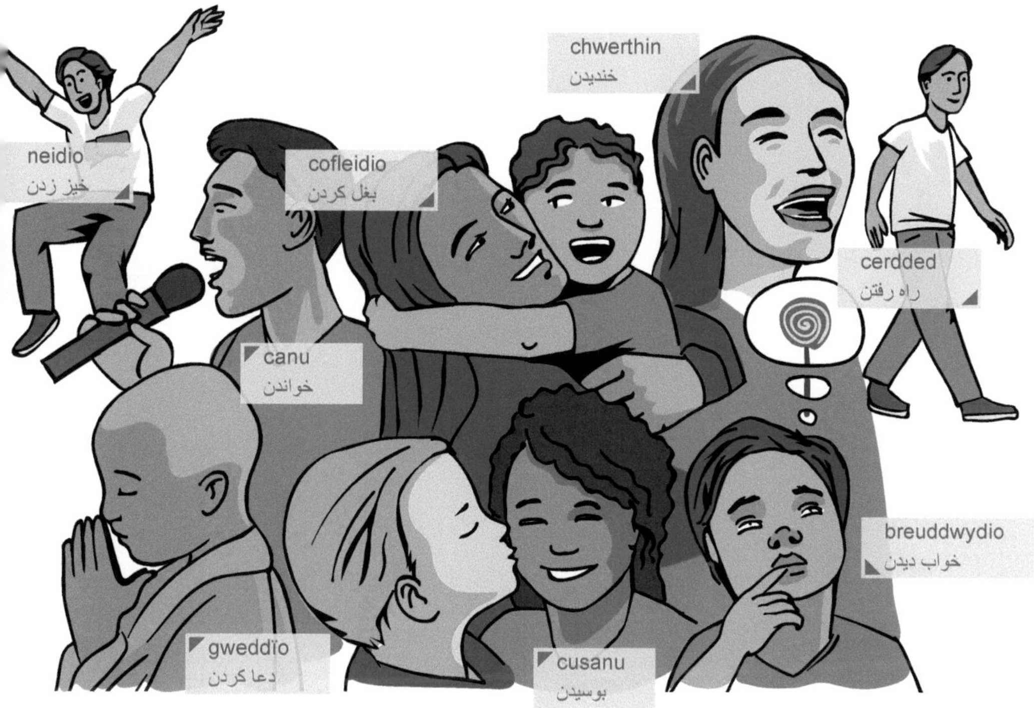

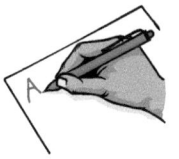

ysgrifennu

نوشتن

tynnu

کشیدن

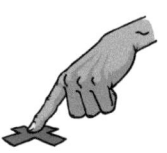

dangos

نشان دادن

gwthio

تیله کردن

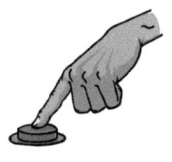

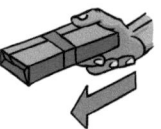

rhoi

دادن

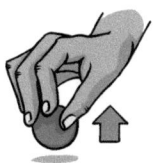

cymryd

گرفتن

bod gan

داشتن

gwneud

انجام دادن

bod

بودن

sefyll

ایستادن

rhedeg

دویدن

tynnu

کش کردن

taflu

پرتاب کردن

disgyn

افتادن

gorwedd

دروغ گفتن

aros

صبر کردن

cario

حمل کردن

eistedd

نشستن

gwisgo amdanoch

لباس پوشیدن

cysgu

خوابیدن

deffro

بیدار شدن

edrych ar

نگاه کردن

crïo

گریه کردن

anwesu

ضربه زدن

cribo

شانه کردن

siarad

صحبت کردن

deall

فهمیدن

gofyn

پرسیدن

gwrando

گوش دادن

yfed

نوشیدن

bwyta

خوردن

tacluso

مرتب کردن

caru

عشق ورزیدن

coginio

پختن

gyrru

راننده گی کردن

hedfan

پرواز کردن

hwylio

روی آب حرکت کردن

cyfrifo

حساب کردن

darllen

خواندن

dysgu

یاد گرفتن

gweithio

کار کردن

priodi

ازدواج کردن

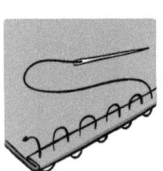

gwnïo

دوختن

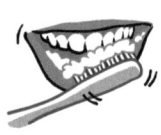

brwsio dannedd

برس کردن دندان ها

lladd

کشتن

ysmygu

سگریت کشیدن

anfon

فرستادن

teulu
فامیل

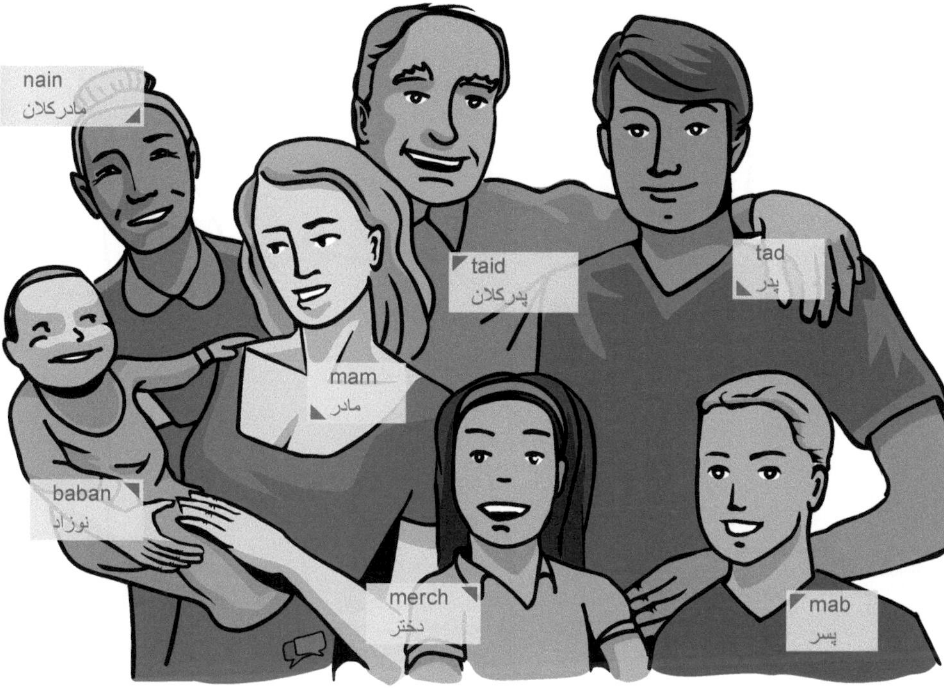
nain
مادرکلان
taid
پدرکلان
tad
پدر
mam
مادر
baban
نوزاد
merch
دختر
mab
پسر

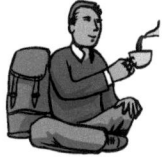

gwestai
مهمان

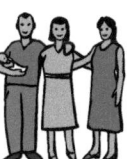

modryb
عمه / خاله

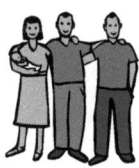

ewythr
ماما/کاکا

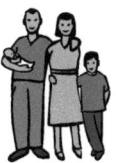

brawd
برادر

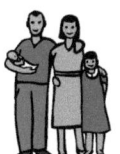

chwaer
خواهر

corff

بدن

talcen
پیشانی
llygad
چشم
ysgwydd
شانه
bys
انگشت
wyneb
روی
gên
زنخ
llaw
دست
coes
پا
bron
سینه
braich
بازو

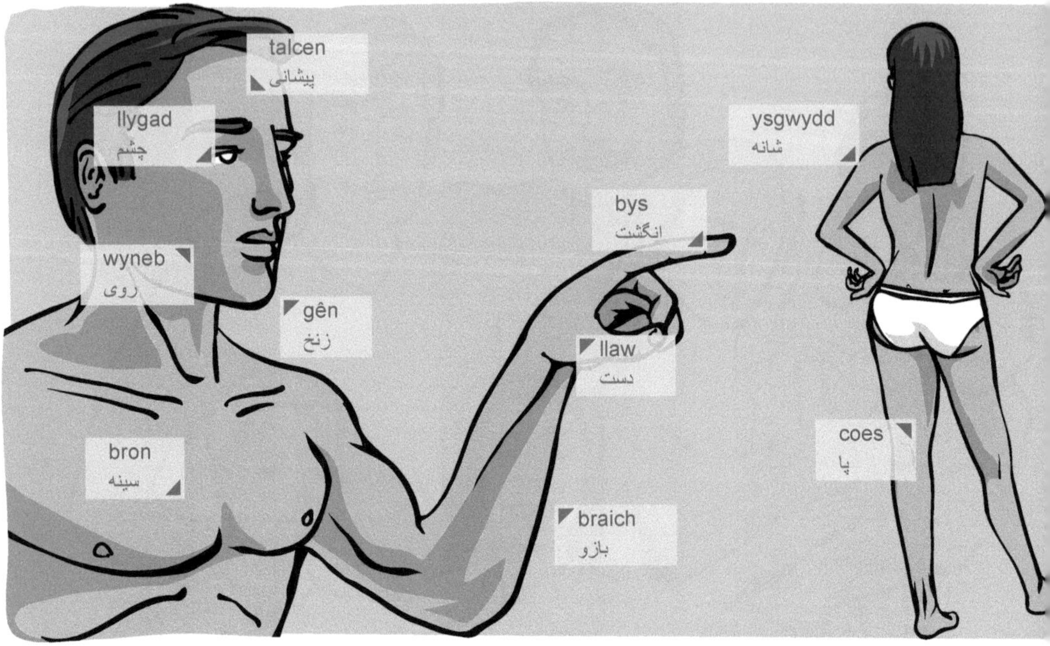

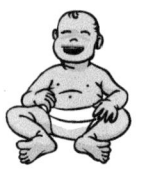

baban

نوزاد

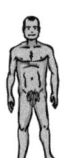

dyn

مرد

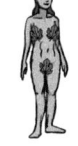

gwraig

زن

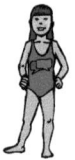

geneth

دختر

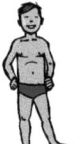

bachgen

پسر

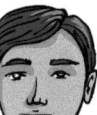

pen

سر

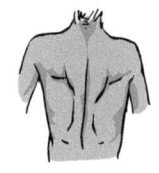

cefn

کمر

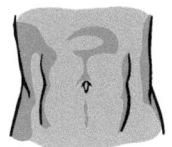

bel

شکم

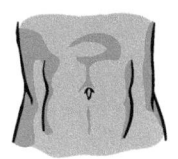

bogail

ناف

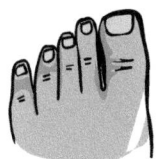

bys troed

انگشت پا

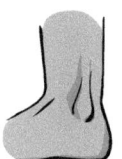

sawdl

کوری پای

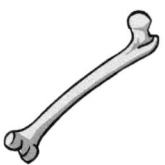

asgwrn

استخوان

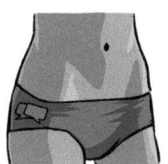

clun

کمر

pen-glin

زانو

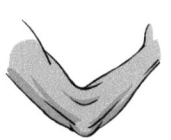

penelin

آرنج

trwyn

بینی

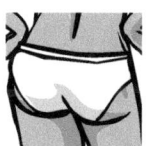

pen ôl

سرین

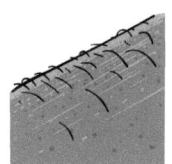

croen

پوست

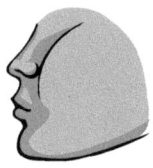

boch

کومه

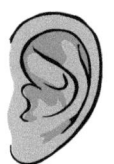

clust

گوش

gwefus

لب

ceg

دهان

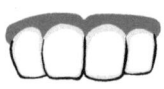

dant

دندان

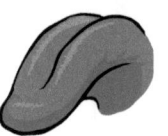

tafod

زبان

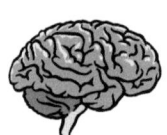

ymennydd

مغز

calon

قلب

cyhyr

عضله

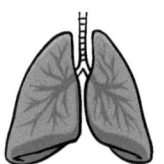

ysgyfaint

شش

iau

جگر

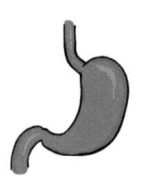

stumog

معده

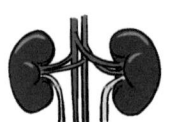

arennau

گرده

rhyw

رابطه جنسی

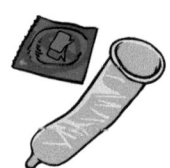

condom

کاندوم

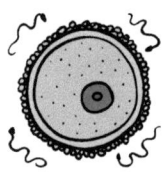

ofwm

تخمه

semen

آب منی

beichiogrwydd

حاملگی

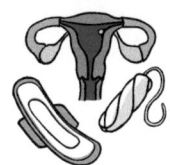

mislif

قاعده گی

fagina

مجرای تناسلی زن

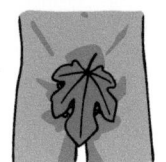

pidyn

آلت تناسلی مرد

ael

ابرو

gwallt

مو

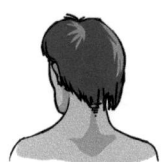

gwddf

گردن

ysbyty
شفاخانه

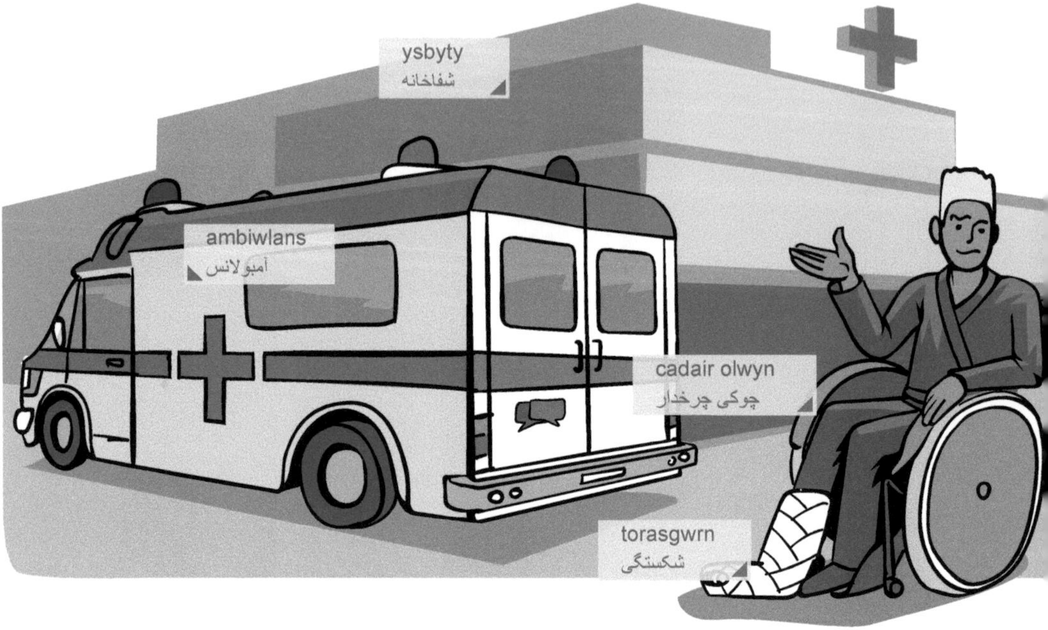

ysbyty
شفاخانه
ambiwlans
آمبولانس
cadair olwyn
چوکی چرخدار
torasgwrn
شکستگی

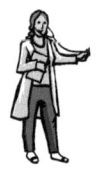

meddyg

داکتر

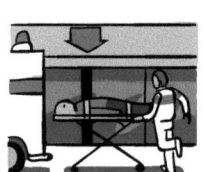

ystafell argyfwng

اطاق عاجل

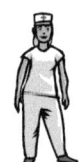

nyrs

نرس

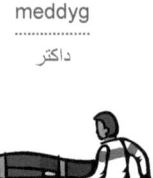

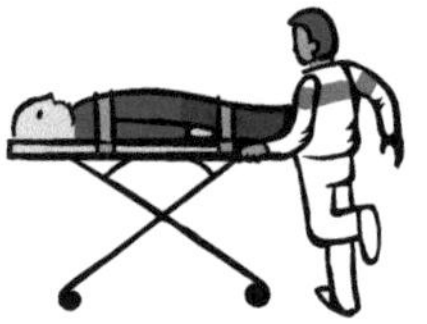

argyfwng

عاجل

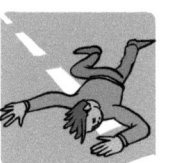

anymwybodol

بیهوش

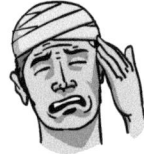

poen

درد

anaf

جراحت

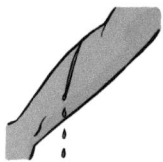

gwaedu

خونریزی

trawiad ar y galon

حمله قلبی

strôc

سکته مغزی

alergedd

حساسیت

peswch

سرفه

twymyn

تب

ffliw

انفلوانزا

dolur rhydd

اسهال

cur pen

سردرد

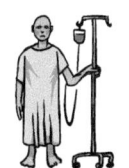

canser

سرطان

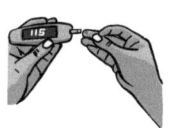

diabetes

شکر

llawfeddyg

جراح

fflaim

چاقوی جراحی

gweithrediad

عملیات

CT

سی تی

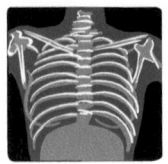

pelydr-x

ایکسری

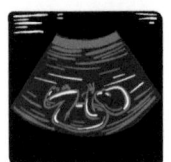

uwchsain

سونوگرافی

mwgwd wyneb

ماسک روی

clefyd

مریضی

ystafell aros

اطاق انتظار

bagl

عصا

plastr

گچ

rhwymyn

پانسمان

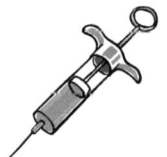

pigiad

تزریق

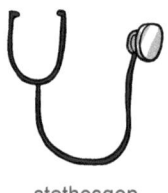

stethosgop

استاتسکوپ

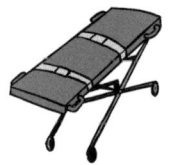

elorwely

تذکره

thermomedr clinigol

ترمامیتر کلینیکی

genedigaeth

تولد

dros bwysau

اضافه وزن

cymorth clyw

سمعک

diheintydd

ضدعفونی کننده

haint

عفونت

firws

وایروس

HIV / AIDS

اچ آی وی / ایدز

meddygaeth

ادویه

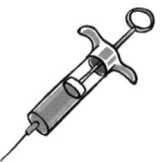

brechiad

واکسیناسیون

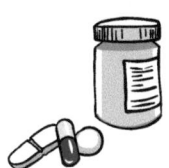

tabledi

تابلیت ها

y bilsen

تابلیت

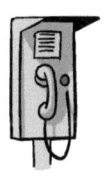

galwad frys

تماس اضطراری

monitor pwysau gwaed

مانیتور فشار خون

yn sâl / yn iach

بیمار / سالم

Help!

کمک!

larwm

زنگ هشدار

ymosodiad

تجاوز

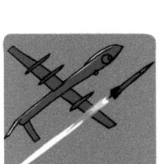

ymosodiad

حمله

perygl

خطر

allanfa argyfwng

خروج اضطراری

Tân!

آتش!

diffoddwr tân

آله ضد حریق

damwain

حادثه

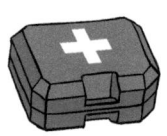

pecyn cymorth cyntaf

بکسه کمک های اولیه

SOS

پیام اضطراری

heddlu

پولیس

Ewrop

اروپا

Gogledd America

امریکای شمالی

De America

امریکای جنوبی

Affrica

آفریقا

Asia

آسیا

Awstralia

استرالیا

Iwerydd

اقیانوس اطلس

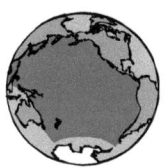

y Môr Tawel

اقیانوس آرام

Cefnfor yr India

اقیانوس هند

Cefnfor yr Antarctig

اقیانوس منجمد جنوبی

Cefnfor yr Arctig

اقیانوس منجمد شمالی

Pegwn y Gogledd

قطب شمال

Pegwn y De

قطب جنوب

Antarctica

قاره قطب جنوب

y Ddaear

زمین

tir

خشکی

môr

دریا

ynys

جزیره

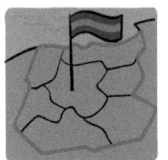

cenedl

ملت

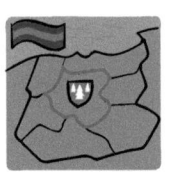

gwladwriaeth

کشور

wyneb cloc

روی ساعت

bys awr

عقربه ساعت شمار

bys munud

عقربه دقیقه شمار

bys eiliad

عقربه ثانیه شمار

Faint o'r gloch yw hi?

ساعت چند است؟

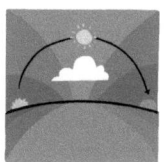

dydd

روز

amser

زمان

yn awr

اکنون

cloc digidol

ساعت دستی دیجیتل

munud

دقیقه

awr

ساعت

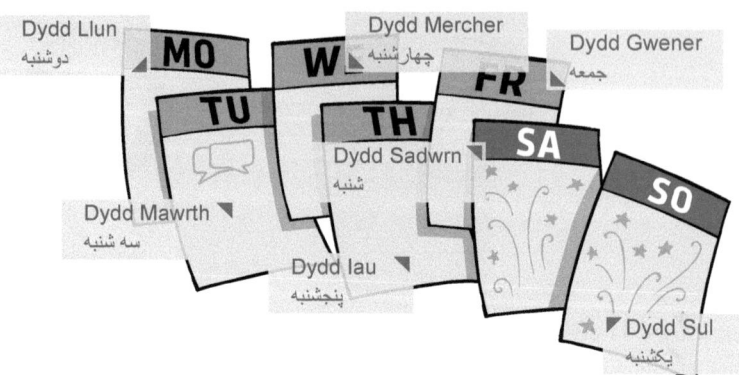

Dydd Llun
دوشنبه

Dydd Mercher
چهارشنبه

Dydd Gwener
جمعه

Dydd Mawrth
سه شنبه

Dydd Sadwrn
شنبه

Dydd Iau
پنجشنبه

Dydd Sul
یکشنبه

ddoe

دیروز

heddiw

امروز

yfory

فردا

bore

صبح

canol dydd

ظهر

noswaith

غروب

diwrnodiau busnes

روزهای کاری

penwythnos

آخر هفته

blwyddyn

سال

glaw
باران
enfys
رنگین کمان
gwynt
شمال
eira
برف
gwanwyn
بهار
hydref
خزان
haf
تابستان
gaeaf
زمستان

4.APRIL 11°
5.APRIL 4°
6.APRIL 13°
7.APRIL 8°
8.APRIL 10°

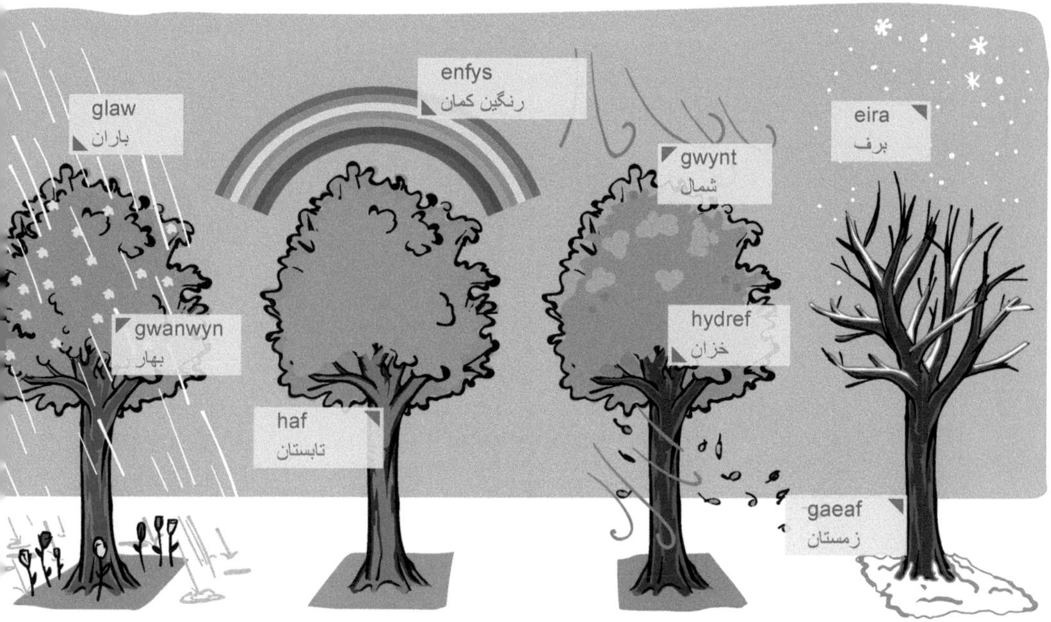

rhagolygon y tywydd

پیش بینی آب و هوا

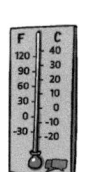

F
C
120
90
60
30
0
-30
40
30
20
10
0
-10
-20

thermomedr

ترماميتر

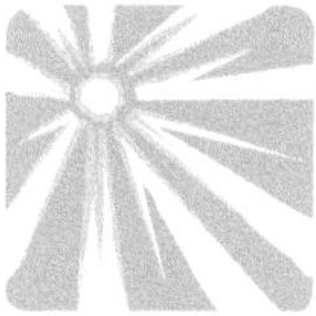

heulwen

آفتاب

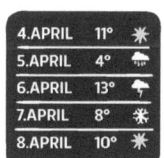

cwmwl

ابر

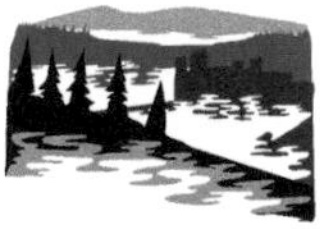

niwl tew

غبار

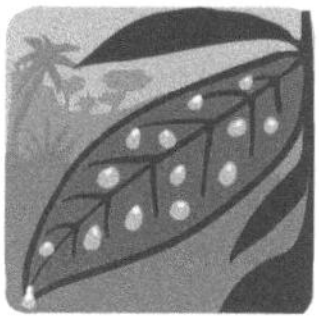

lleithder

رطوبت

mellt

رعد و برق

taranau

الماسک

storm

طوفان

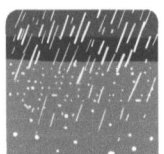

cenllysg

ژاله

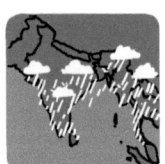

monsŵn

موسم بارندگی

llif

سیل

iâ

یخ

Ionawr

جنوری

Chwefror

فبروری

Mawrth

مارچ

Ebrill

اپریل

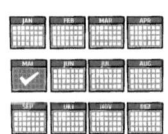

Mai

می

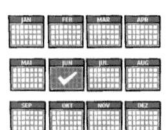

Mehefin

جون

Gorffennaf

جولای

Awst

اگست

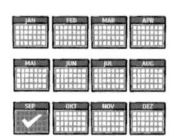

Medi

سپتمبر

Hydref

اکتوبر

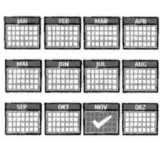

Tachwedd

نومبر

Rhagfyr

دسمبر

cylch

دایره

sgwâr

مربع

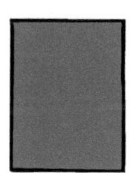

petryal

مستطیل

triongl

مثلث

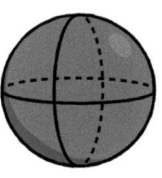

sffêr

کره

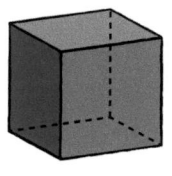

ciwb

مکعب

gwyn

سفید

melyn

زرد

oren

نارنجی

pinc

گلابی

coch

سرخ

porffor

بنفش

glas

آبی

gwyrdd

سبز

brown

نصواری/قهوه یی

llwyd

خاکستری

du

سیاه

llawer / ychydig

زیاد / کم

dig / tawel

عصبانی / آرام

hardd / hyll

مقبول / بدرنگ

dechrau / diwedd

آغاز / پایان

mawr / bach

بزرگ / کوچک

llachar / tywyll

روشن / تیره

brawd / chwaer

برادر / خواهر

glân / budr

پاک / کثیف

gyflawn / anghyflawn

کامل / ناقص

dydd / nos

روز / شب

farw / yn fyw

مرده / زنده

eang / cul

عریض / باریک

bwytadwy / anfwytadwy

خوراکی / غیر خوراکی

drwg / caredig

عصبانی / دوستانه

llawn cyffro / diflasu

هیجان زده / کسل

tew / tenau

چاق / لاغر

cyntaf / olaf

اول / آخر

cyfaill / gelyn

دوست / دشمن

llawn / gwag

پر / خالی

caled / meddal

سخت / نرم

trwm / ysgafn

سنگین / سبک

wedi newynnu / yn sychedig

گرسنگی / تشنگی

yn sâl / yn iach

بیمار / سالم

anghyfreithlon / cyfreithiol

غیر قانونی / قانونی

deallus / twp

باهوش / احمق

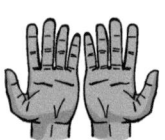

chwith / dde

چپ / راست

agos / pell

نزدیک / دور

ewydd / wedi'i ddefnyddio

نو / کهنه

dim / rhywbeth

هیچ چیز / چیزی

hen / ifanc

پیر / جوان

ymlaen / i ffwrdd

روشن / خاموش

ar agor / ar gau

باز / بسته

tawel / uchel

بی صدا / پر سر و صدا

cyfoethog / tlawd

ثروتمند / فقیر

cywir / anghywir

صحیح / غلط

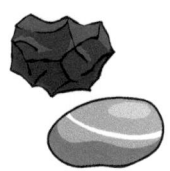

garw / llyfn

ناهموار / هموار

trist / hapus

غمگین / خوشحال

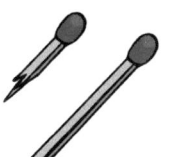

byr / hir

کوتاه / بلند

araf / cyflym

آهسته / سریع

gwlyb / sych

تر / خشک

cynnes / claear

گرم / سرد

rhyfel / heddwch

جنگ / صلح

0

sero

صفر

1

un

یک

2

dau

دو

3

tri

سه

4

pedwar

چهار

5

pump

پنج

6

chwech

شش

7

saith

هفت

8

wyth

هشت

9

naw

نه

10

deg

ده

11

un deg un

یازده

12
un deg dau

دوازده

13
un deg tri

سیزده

14
un deg pedwar

چهارده

15
un deg pump

پانزده

16
un deg chwech

شانزده

17
un deg saith

هفده

18
un deg wyth

هجده

19
un deg naw

نوزده

20
dau ddeg

بیست

100
cant

صد

1.000
mil

هزار

1.000.000
miliwn

میلیون

Saesneg

انگلیسی

Saesneg America

انگلیسی امریکایی

Tsieinëeg Mandarin

چینی ماندارین

Hindi

هندی

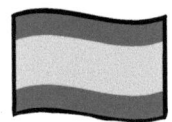

Sbaeneg

اسپانیایی

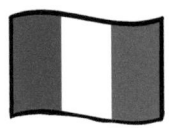

Ffrangeg

فرانسوی

Arabeg

عربی

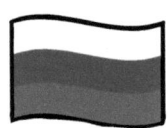

Rwseg

روسی

Portiwgaleg

پرتغالی

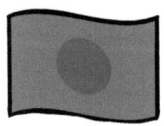

Bengali

بنگالی

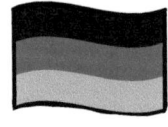

Almaeneg

آلمانی

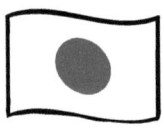

Siapanaeg

جاپانی

fi

من

ti

شما

ef / hi

او / او / آن

ni

ما

chi

شما

nhw

آن ها

pwy?

کی؟

beth?

چی؟

sut?

چطور؟

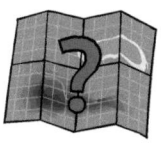

ble?

کجا؟

pryd?

چه وقت؟

enw

اسم

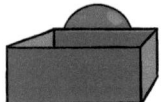

y tu ôl i

عقب

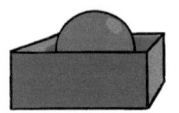

yn / yng / ym / mewn

در

o flaen

پیش روی

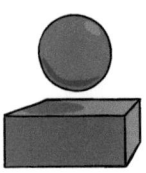

dros

بالا

ar

روی

dan

زیر

wrth ochr

پهلو

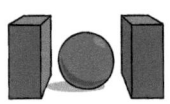

rhwng

میان

lle

محل